Der starrsi...

22. Deze...

Das Element: Erde
Das Gestirn: Saturn
Die Stärken: Ehrgeiz, Beständigkeit, Gewissenhaftigkeit, Organisationstalent
Die Schwächen: Starrsinn, Autoritätsgläubigkeit, Humorlosigkeit, Geiz
Das Motto: »Ich bleibe dabei!«
Die magische Pflanze: Tollkirsche, Schierling, Farnkraut, Eibe, Tanne, Pinie, Zitrone, Affenbrotbaum, Mais, Eukalyptus(-Bonbon)
Die magische Farbe: Dunkelgrün, Dunkelgrau, Dunkelblau, Dunkelbraun, Schwarz (finster, finster!)
Die magische Zahl: Acht
Der ideale Wochentag: Samstag
Der Vokal: »u« (»Unmöglich!«)
Der edle Stein: Onyx, Saphir, überhaupt dunkle Edelsteine – alles Dunkle zieht den Steinbock an.
Der ideale Name: Männliche Steinböcke heißen Konrad, Gustav, Elvis, Albert oder Mao. Weibliche

Exemplare nennen sich am besten Marlene, Hildegard oder Helena.

Der Standardtyp: Von magerer Gestalt, Falten im Gesicht, gebeugter, steifer Gang, breite Wangenknochen, spitzes Kinn, kleine Schweinsäuglein, mickriger Haarwuchs – schön sind Steinböcke nicht. Männliche Steinböcke erinnern in ihrem Aussehen an den Zauberer Catweezle, weibliche an die drei Hexen aus Shakespeares »Macbeth«.

Aber lassen Sie sich nicht täuschen – die meisten Steinböcke sehen heutzutage ganz anders aus und verbergen ihr wahres Ich hinter einer harmlosen Maske – alles Tarnung!

DER CHARAKTER DES STEINBOCKS

Tüchtig, fleißig, lernwillig, schlicht, bescheiden, ehrgeizig und strebsam; Konzentration auf das Wesentliche, Unnachgiebigkeit, Geduld... Hört sich das alles nicht nett an? Der Steinbock will, so scheint es, offenbar unbedingt der Musterknabe unter den Sternzeichen sein.

Die Wirklichkeit sieht anders aus: Steinböcke sind mißtrauisch, starrsinnig, autoritär und autoritätsgläubig – sie treten nach unten und buckeln nach oben. Weiter gelten sie als unflexibel und wenig

anpassungsbereit, trocken, humorlos, geizig und pfennigfuchserisch. Zu dieser eh schon wenig sympathischen Ansammlung von Negativem kommt noch ein seltsames Paradoxon hinzu: Steinböcke sind in der Jugend alt, dafür aber im Alter jung. Während sie mit sechs Jahren den Kindergreis mimen, stellen sie mit 72 dem jungen Gemüse nach. Sehr nett! Und so unheimlich kalkulierbar!

Apropos nachstellen: Steinböcke zeichnen sich durch scheinbar unerschöpfliche Energie und Ausdauer aus und lieben das Spiel um Angriff und Widerstand. Wehe dem, der einen liebestollen oder aggressiven Steinbock am Halse hat!

Aggressiv – zumindest verbal – lieben es Steinböcke überhaupt: Ironie und Satire imponieren ihnen ungemein, und sie versuchen ständig selbst, »Ätzendes« von sich zu geben – meist mit kläglichem Erfolg. Aber wehe, wenn ihnen jemand anders zu nahe tritt! Steinböcke brauchen Bewunderung und Respekt, um ihren Erfolg genießen zu können. Ein Wort der Kritik macht ihnen alles mies, und sie rennen tagelang mit finsterer Grabesmiene herum.

Diese Grabesmiene ist auch allen Mitgliedern einer Familie bekannt, in der Steinböcke leben. Besonders als Familienoberhaupt können Steinböcke ihre »Untertanen« mit dieser finsteren Art des Liebesentzugs bestrafen. Dabei sagen dieselben Steinböcke von sich, daß sie ihre Familie über alles lieben und ihnen nichts wichtiger ist als ein trauter Abend im Familienkreise.

Klar, daß Steinböcke bei ihrer politisch konservativen Grundeinstellung auf Familie stehen. Ganze Wochen können sie in Pantoffeln vorm Kamin verbringen – und sie fühlen sich dabei auch noch wohl... Unverständlich, absolut unverständlich! Und irgendwie haben sie es damit beneidenswert einfach...

Neuem gegenüber gebärden sich Steinböcke äußerst skeptisch und abwartend. Bevor ein Steinbock den Faustkeil und die Steinplatte zur Seite legt und statt dessen einen Füllfederhalter benutzt, vergehen Jahre. Jahrhunderte braucht es, bis ein Steinbock freiwillig einen Computer benutzt. Nein, dieser neumodische Schnickschnack macht Steinböcke skeptisch. Viel mehr schätzen sie Dinge, die Historie und Tradition ausstrahlen. Was Wunder, daß es in der Wohnung von Steinböcken aussieht wie in Dr. Caligaris Horrorkabinett – so mögen es Steinböcke halt geschmacklich. Modernes Design fliegt gleich im hohen Bogen zum Fenster hinaus. Nur das historisch Gewachsene, das traditionell Abgesicherte kann vor dem Blick eines Steinbocks bestehen: alte Ritterrüstungen, holzgetäfelte Bibliotheken voller Lutherbibeln, antike Truhen, Schwerter und Keuschheitsgürtel – die manche, mit Steinböcken verheiratete Frauen auch noch tragen (müssen). Wen wundert es, daß die herrlichsten Wagenrad-Lampen und die wuchtigsten Fossilientische in den Wohnungen und Häusern von Steinböcken stehen. Auch junge Steinböcke machen da keine Ausnahme. Antiquitäten, Stilmöbel, Münzen, Kristall und Tafelsilber werden in unglaublichen Mengen herangeschafft – und jedes einzelne Stück muß von Anno Tobak stammen. Steinböcke sind so konservativ, daß sie vermutlich am liebsten in Höhlen hausen würden, bei Fackellicht und Mammutschnitzel.

Aus grauer Vorzeit stammen auch die Umgangsformen von Steinböcken. Sie legen ungemeinen Wert auf gute Sitten und gepflegte Manieren – bei anderen. Sie selbst muffeln herum, wenn sie meinen, andere benähmen sich daneben.

Wenn Steinböcke etwas hassen, so sind das schnelle Entschlüsse. Bevor ein Steinbock sich entscheidungsmäßig aufgerafft hat, ein paar Biere hinter die Binde zu gießen, haben alle Kneipen Sperrstunde. Vermutlich verbringen schon deshalb Steinböcke 99% ihrer Abende auf dem Sofa daheim. Weniger

positiv wirkt sich die »Entschlußfreude« der Steinböcke in den Bereichen Beruf oder Politik aus. Konzerne gehen pleite, bevor ein Steinbock sich zu firmenpolitischen Gegenmaßnahmen entscheiden kann, und ganze Weltreiche brechen zusammen, wenn »entschlußfreudige« Steinböcke am Ruder sind.

Bestes Beispiel: Konrad Adenauer. Es mußte erst Ludwig Erhard ran, weil »der Alte« sich einfach nicht dazu durchringen konnte, das Wirtschaftswunder zu veranstalten...

Zu allem Überfluß bilden sich Steinböcke auch noch ein, wahre Menschenkenner zu sein. Nur sie selbst, so glauben sie, können wahre Zuneigung von Heuchelei, ein echtes Interesse an ihrer Person von emotionaler Ausbeutung unterscheiden. Kein Wunder, daß sie häufig in

Schwermut und Depression verfallen, weil sie bei ihren Mitmenschen statt wahrer Zuneigung nur Desinteresse oder Hohngelächter verspüren. Wer will mit so einem Bock schon zu tun haben?

Trotz der beeindruckenden Liste der üblen Eigenschaften nennen sich Steinböcke bieder und bodenständig.

Ziehen wir die Summe aus den genannten Wesenszügen: Steinböcke sind greisenhaft-jugendlich-bieder, aber zugleich versponnene Musterknaben mit lästig-hartnäckigen Energiereserven und autoritärer Grundgesinnung – so eine Art hochalpiner Rambotypen mit voller Spießermacke.

DER LEBENSLAUF DES STEINBOCKS

Noch in den Windeln geht es dem kleinen Steinbock vor allem um eines: Besitz. Er rafft alles heran, dessen er habhaft werden kann und rückt nichts mehr heraus. Wird das Steinbock-Kind etwa ein Jahr alt ist, findet sich der größte Teil des elterlichen Haushaltes in seinem Kinderwagen wieder. Eltern, die ihm etwas wieder abnehmen wollen, kriegen was mit dem Räppelchen auf die Finger. Bereits im Kindergarten ist es ein Steinbock, der die meisten Murmeln und Monsterfiguren in seinem Besitz hat.

Im Grundschulalter erfreuen sich Steinböcke schon eines beachtlichen Sparguthabens, und wenn andere das Abitur machen, legen Steinböcke den Grundstein für ein luxuriöses Eigenheim. Besonders stolz sind alle Steinböcke darauf, daß sie sich ihren Palast selbst erarbeitet bzw. vom Munde abgespart haben. Kein Angehöriger eines anderer Sternzeichens kann so sparen wie ein Steinbock. Nichts, aber auch gar nichts gönnen sie sich und ihrer Familie, bis das Eigenheim steht. Steinböcke, die bauen, erkennt man u.a. an ihrer völlig abgetragenen Kleidung.

Steht die Familienhütte einmal, wird Vermögen angehäuft. Erst wenn Steinböcke das Greisenalter erreicht haben, raffen sie irgendwie, daß Geld nicht alles ist, flippen dann manchmal völlig aus und verprassen ihren Besitz – allerdings nur sehr, sehr manchmal.

DIE GLÜCKLICHEN JAHRE

liegen zwischen dem 16. und dem 33. Lebensjahr – vermutlich, weil es sich in diesen Jahren am meisten lohnt, Bausparverträge abzuschließen und in diesem Zeitraum das beste Eintrittsalter für eine Lebensversicherung liegt.

DER STEINBOCK IM BERUF

Typische Steinbock-Berufe sind Wirtschafts- und Kommunalpolitiker, Manager oder Gewerkschaftsvertreter. Auch die Vertreter zahlloser Lobbys im Bundestag sind Steinböcke. Als Baumeister, Poliere oder Architekten stoßen sie sich auf dem Bau die Hörner ab, als Immobilienmakler, Hypothekenvermittler, Landvermesser oder behördlich bestellter Vormund bringen sie ihren Mitmenschen das Haarespalten, Millimeter- und Pfennigfuchsen bei. Als

Redakteur oder Lektor nerven gewisse Steinböcke ihre Autoren bis aufs winzigste Komma.

Ihre Handelsbegabung und ihre überpenible Kalkulationskunst zeigen Steinböcke vor allem in Geschäften, bei denen es um Nahrung oder Kleidung geht. Trotz der geringen Gewinnspannen in diesem Bereich verstehen sich Steinböcke darauf, sich an den Grundbedürfnissen der Menschen eine goldene Nase zu verdienen.

Wieder andere Steinböcke ziehen es vor, ihren Mitmenschen als Theologen bis ins kleinste Detail vorzuschreiben, wie sie zu leben haben. Wer abweicht, hat den Pfad der Tugend verlassen und droht in den Höllenschlund zu stürzen. Da sind uns doch die Schütze-Pfaffen lieber, die ihren Schäfchen nur unverbindlich die Ohren vollsalbadern….

Im künstlerischen Bereich werden erdhafte Keramik und heldische Bildhauerei bevorzugt. Für Malerei und Musik denken Steinböcke einfach zu kleinkariert.

Handwerklich begabte Steinböcke werden Schuhmacher, Töpfer, Schornsteinfeger (vermutlich, weil sie dabei alpine Gefühle entwickeln können) oder Steinmetz.

Die einzig wirkliche Stärke des Steinbocks: Berufe, in denen Einsamkeit eine Rolle spielt. Steinböcke sind ideale Leuchtturmwärter – und wirklich prima als Nachtwächter!

Die Karriere der Steinböcke ist programmiert. Als Realisten, Tatmenschen und Arbeitstiere räumen sie jedes Hindernis aus dem Weg und verfolgen mit letzter Konsequenz ihr Ziel – oft starrsinnig und unbeugsam. Wer sich in den Weg stellt, wird sachlich, aber effektiv beiseite geräumt. Wer mit Steinböcken in Konkurrenz tritt, muß entweder ein Löwe sein oder nicht alle Tassen im Schrank haben. Steinböcke neigen zum versteckten Kampf voller List und Tücke und fallen aus dem getarnten Hinterhalt über den Gegner her. Auch Niederlagen oder Rückschläge halten Steinböcke nicht auf. Sie wollen mit aller Macht nach oben.

Leider wählen sie oft die falschen Berufe für einen wirklichen Aufstieg: Wohin will man als Leuchtturmwärter schon aufsteigen, wenn man doch schon ganz oben auf dem Turm steht?

Trotz ihres ausgesprochenen Erfolgsstrebens krebsen Steinböcke oft die erste Hälfte ihres Lebens als Angestellte irgendwo in der unteren Hälfte der Karriereleiter herum, denn ihr Erfolg baut sich klein-klein, Steinchen für Steinchen auf. Auch fehlt ihnen offenbar der Blick für den ganz großen Wurf. Die Früchte ihrer Arbeit – Reichtum, Besitz, Unabhängigkeit – genießen Steinböcke daher oft erst im Alter. Erst wenn ihnen das Lenkrad aus den zittrigen Fingern gleitet, können sie sich den Porsche leisten. Dafür werden sie mit zunehmendem Alter im Kopf um so kindischer. Das scheint die Strafe des Himmels für allzuviel Arbeitsdisziplin zu sein.

Haben Steinböcke erst einmal eine gewisse Höhe erreicht, werden sie oft leichtsinnig und neigen zu Abstürzen – nicht nur der beruflichen oder alkoholischen Art – wenn ihre Sterne ungünstig stehen. Das ist oft die einfachste Art, einen unliebsamen Steinbock-Konkurrenten loszuwerden: Warten Sie einfach, bis ihn sein Schicksal ereilt!

Noch ein Tip für potentielle Steinbock-Arbeitgeber: Steinböcke hassen Dienstreisen! Nicht einmal fette Spesen können sie locken. Lieber läßt ein Steinbock ein millionenschweres Projekt platzen, als daß er den Hintern aus seinem ergonomisch konstruierten Bürostuhl hochwuchtet. Vorsicht, Bankrottgefahr!

DER STEINBOCK UND DAS GELD

Über Geld reden Steinböcke nicht – sie haben es. Auch wenn es nur zwei, drei Tausender sind, sie fühlen sich, als seien sie Krösus selbst – und führen sich auch so auf. Nicht, daß sie mit Geld um sich werfen würden – sie geben nur damit an, als könnten sie es tun...

Tatsächlich ausgeben werden Steinböcke ihren Reichtum nur für bleibende Werte: luxuriöse Eigenheime zum Beispiel. Dafür geben sie auch die letzten Mäuse her. Ekelhafterweise ist es ihnen auch noch vergönnt, den erworbenen Luxus echt zu genießen.

Ansonsten sind Steinböcke erzsparsam – um nicht zu sagen widerwärtig geizig. Nur um zu sparen, laufen sie in kartoffelsackartigen Anzügen oder in Müllbeutel-Kleidern herum. Sie gönnen sich keinen Urlaub – und wenn, dann in einer Unterkunft, die eher als Ziegenstall durchginge statt als Hotel. Hier scheint ihre zoologische Herkunft durchzuschlagen.

Steinbock-Kinder bekommen in der Woche drei Pfennig Taschengeld und sonntags einen Pfennig extra – zum Verprassen.

Völlig klar, daß das Konto eines Steinbockes auf diesem Wege astronomische Höhen erreicht. Kommt noch hinzu, daß Steinböcke auch an der Börse ein Gespür für Geld entwickeln, Risiken vermeiden und dick absahnen. Die einzige Freude, die uns Neidern bleibt: Steinböcke haben nichts davon. Weder können sie Geld verspielen noch es sonstwie lustvoll aus dem Fenster werfen. Erst wenn der Steinbock ins Gras beißt, erledigen das die hocherfreuten Erben für ihn…

DER STEINBOCK UND SEIN AUTOMOBIL

Steinböcke sind so konservativ, daß sie am liebsten im Zweispänner zur Arbeit fahren würden. Wenn es schon ein Automobil sein muß, dann am liebsten ein T-Modell von Ford oder ein Opel aus den fünfziger Jahren. Da diese Fahrzeuge a) kaum zu bekommen sind und b) nicht eben sehr zuverlässig fahren, wählen Steinböcke heute Automarken mit Uralt-Image: Volvo, Lada oder Rolls-Royce – eben alles, was wie eine rollende Kartoffelkiste aussieht. Technische Daten oder Image sind Steinböcken völlig gleichgültig. Hauptsache konservativ.

DIE SCHOKOLADENSEITEN

Wie bitte? Welche Schokoladenseiten? Na ja, gut... die meisten Steinböcke kennen sich halbwegs in den Alpen aus. Aber wozu soll das gut sein?

DIE SCHATTENSEITEN

Steinböcke, die unter besonders ungünstiger Konstellation geboren sind, entwickeln einen geradezu aberwitzigen Geiz. Gegen einen solchen Steinbock ist Dagobert Duck ein kopfloser Verschwender und sind die Schotten ein Volk von Prassern und Lebemännern.

DER GROSSE HORROR

Hier die Horror-Hitliste des Steinbockes:
Horror 1: abzustürzen;
Horror 2: was zwischen die Hörner zu kriegen;
Horror 3: die Geldbörse oder den Überblick zu verlieren.

DIE GESUNDHEIT DES STEINBOCKS

Die bedeutendste der Gesundheitsgefahren für Steinböcke: Sie leiden ständig unter Zahnschmerzen, vermutlich, weil sie alles so verbissen sehen. Die sicherste Schutzmaßnahme: regelmäßige Zahnarztbesuche. Da aber Steinböcke vor den Kosten sinnvoller Zahnbehandlung zurückschrecken, leiden sie weiter, laufen mit Kassenprothesen herum und beißen sich damit vor lauter Ärger ein Loch in den Bauch.

Da menschliche Steinböcke ihr warmes Fell eingebüßt haben, leiden sie häufig unter der Kälte. Sie fangen sich Nierenleiden, Rheuma, Arthritis und

Frostbeulen ein. Außerdem leidet ihre Haut unter dem Kontakt mit der Luft und entwickelt interessante Pusteln und Ausschläge. Einzige Gegenwehr: Ziehen Sie immer ordentlich was über, lieber Steinbock!

Weiterer Krisenpunkt in der Gesundheit des Steinbocks: die Bewegung. Die geradezu himmelschreiende Schlaffheit des Steinbocks läßt ihn Stunden und Tage auf dem Sofa hocken. Es sind immer in der Mehrzahl Steinböcke beteiligt, wenn eine

Video-Orgie bei Bier und Chips länger als zwei Stunden dauert. Steinböcke sitzen drei Spielfilme übelster Sorte mit Überlänge auf einer Backe ab. Dabei würde ihnen Bewegung an der frischen Luft gesundheitlich so gut tun! Andererseits – wenn man an Luftverschmutzung, Ozonloch, eskalierenden Straßenverkehr, sauren Regen usw. denkt – sehr gesundheitsschädlich kann es eigentlich nicht sein, wenn Steinböcke hinterm Ofen oder vor der Glotze hocken.

Auf die ungesunden Freßgewohnheiten von Steinböcken gehen wir im Kapitel »Die Lieblingsspeise« ein. Hier sei nur gesagt, daß sich Steinböcke so manche Verdauungsstörung anfuttern können.

Werden Steinböcke krank, sehen sie augenblicklich schwarz. Schon bei einem Schnupfen wissen sie mit absoluter Gewißheit: Es geht bergab mit mir, ich bin nicht mehr zu retten. Ärzte und Angehörige müssen all ihre Überredungskünste aufwenden, um den kranken Steinbock zum Weiterleben zu animieren. Gehässige oder rachsüchtige Verwandte unterlassen derartige Hilfestellung manchmal nur zu gern.

Allerdings nimmt die Abwehrkraft von Steinböcken gegen Krankheiten mit dem Alter zu – sie werden also immer gesünder. Fragt sich, woran Steinböcke sterben...

DAS LIEBLINGSGETRÄNK

Die Trinkgewohnheiten des Steinbocks passen zu seinen Eßsitten: Ob heiß, kalt, alkoholisch oder abstinent – gehaltvoll muß das Getränk sein, das einen Steinbock hinter dem Ofen hervorlocken kann. Kaffee, in dem der Löffel steht, übersüßer Kakao, gallebittere Magenschnäpse, hochexplosiver Rum, Honig mit Milch, affenscharf gepfefferter Tomatensaft, Rotweinsorten kurz vor dem Gelierpunkt, Weißwein,

der auch zum Ledergerben (Lebergerben?) geeignet scheint und Ochsenschwanzsuppe als Getränk zum fetttriefenden Gulasch – so mögen es die hochalpinen Bocksgesellen. Auf jeden Fall hält da kaum ein anderes Sternzeichen mit.

DIE LIEBLINGSSPEISE

Steinböcke lieben das Althergebrachte, Traditionelle – auch und vor allem, was die Größe der Portionen angeht. Vorsuppe, Vorspeise, zwei, drei »Holzfäller-Koteletts« zu je 1200 g mit reichlich Kartoffeln, Soße und Salat, später Käse, Dessert und Gebäck zum Kaffee sind ganz nach dem Herzen eines Steinbocks – wenn auch nicht gut für sein Herz. Steinböcke verzehren derartige Schwerathleten-Portionen, auch wenn sie nur Buchhalter sind und den ganzen Tag über nur Bleistifte oder Disketten stemmen. Anders gesagt: Steinböcke fressen gern viel zuviel. Diese ziemlich lebensgefährliche Tätigkeit erledigen Steinböcke am liebsten in aller Stille; Steinböcke hassen Gespräche bei Tisch. Sie wollen sich ganz und gar ihrem Eisbein mit Sauerkohl oder ihrem Sauerbraten mit Knödeln widmen. Wer dazwischenquatscht, stört die Kau- und Verdauungsprozesse.

Ganz halten sich Steinböcke jedoch nicht an traditionelle Kochrezepte. Das Kochbuch der Henriette Davidis rät zwar zur Verwendung von reichlich Butter und Eiern – von den Gewürzmengen, die Steinböcke heute verwenden, ist nicht die Rede. Steinböcke lieben es, sich mit ein paar Pfund Pfeffer

ein Loch in die Speiseröhre zu brennen oder sich mit drei Schaufeln Salz zum Blutdruck-König hochzuputschen. Auch Maggi-Würze steht in hohem Kurs: Steinböcke beziehen sie gleich kanisterweise und erreichen so, daß jede Suppe den absoluten Einheitsgeschmack bekommt. Gewürze, die die Küchentradition nicht kennt, meiden Steinböcke beharrlich; Bomboe Sesate oder Zitronengras kommt ihnen nicht in die Tüte. Wie würden solche exotischen Fragwürdigkeiten auch zu Großmutters Tafelgeschirr und zu dem Silberbesteck passen, mit dem Steinböcke sich vorzugsweise die Kalorien reinschieben?

DAS BEVORZUGTE LOKAL

Klar, daß es deftige, nach Schlachtfest und Räucherkammer riechende, altdeutsch gestylte Gasthäuser sind, in denen Steinböcke sich gegenseitig auf die Hufe treten. Dort treffen sie sich häufig mit den ebenfalls unmäßig fressenden Stieren, die sie als relativ leise (weil kauende) Tischgenossen durchaus schätzen. In solchen Lokalen sind Wassermänner unerwünscht und werden meist weggeekelt: Wo so angestrengt abgebissen, gekaut, verschlungen und verdaut wird, ist der Gesellschaft und Gespräch suchende Wassermann ein störender Faktor.

Auch von außen sind Steinbock-Lieblingslokale für den Außenstehenden leicht zu erkennen, denn neben einem unerträglich intensiven Küchenduft schlägt einem stets ein traditionsreicher Name entgegen: »Deutscher Vater« zum Beispiel oder »Zum Stammbaum«. Irgendwie liegt immer eine Ahnung in der Luft, der Kaiser oder Bismarck könne gleich vorfahren. Meist fährt aber nur der örtliche Landtagsabgeordnete vor – auch ein Steinbock.

Wenn Sie einen Steinbock unbedingt bis aufs Blut beleidigen wollen, laden Sie ihn in eine Pommesbude oder ein drittklassiges Lokal ein. Sie werden nie

wieder von ihm hören. Allein dieser Tip ist doch das Geld für dieses Buch wert, oder?

DAS LIEBLINGSTIER

ist der Steinbock – was sonst? Welches Tier kann dieser Prachtspezies schon das Wildwasser oder gar den Enzian reichen? Allenfalls noch die traditionsbewußte Schildkröte und andere Fossilien. Und selbstverständlich auch der Schwan, der als eine von wenigen Tierarten nicht wild in der Gegend herumbumst, sondern in lebenslanger Einehe lebt. Das imponiert dem Steinbock ungemein. Das sind noch Werte!

Es liegt auf der Hand, daß konservative Steinböcke alle Tierarten hassen, die unkonventionell und leichtfüßig in den Tag hineinleben: flatterhafte Schmetterlinge, ständig herumquakende Frösche, sämtliche in den Tag hineinlebenden Singvögel, alle nutzlosen Eintagsfliegen usw.

DIE TYPISCHE SPORTART

Steinböcke lieben
1. Bockspringen
2. Bergsteigen
3. Jodeln
und an jedem Freitagabend (Stammtisch!) auch das
4. Bockbier-Stemmen

DAS LIEBLINGSBUCH

1. »Der Tod in der Nordwand«; »Die Geier-Wally«; »Via Mala«; »Herbstmilch« und andere hochalpine Werke

2. Steinböcke stehen auf Satire und Karikaturen. Sie besitzen meist eine große Kollektion derartiger

Machwerke. Selbst auf dem Klo findet sich ein Band Tucholsky, Hermann Harry Schmitz' »Buch der Katastrophen« und stets die neueste Ausgabe der »Titanic«.

DER LIEBLINGSFILM

Der absolute Hammer-Film aller Steinböcke ist »Casablanca«. In welchem Streifen sonst sagt der Held seiner Geliebten einen so unvergleichlich alpin-schwindelerregenden Satz: »Ich schau' mit dir hinunter ins Kleine Walsertal, Kleines…!«

DIE LIEBLINGSMUSIK

Pop, Rock, Hip-Hop, Lambada, Jazz – alles Schrott! Glauben zumindest Steinböcke. Nur Klassik, allenfalls Oper oder Ballettmusik bringen es voll. Es sind vermutlich zu 110% Steinböcke, die Karajan, Iglesias, Brüggen, Horowitz und Konsorten reich gemacht haben, zumal Steinböcke das Getöne meist nur von der Platte genießen. Sie geben vor, fürs Konzert keine Zeit zu haben – tatsächlich tut es ihnen aber um die DM 36.- für die Eintrittskarte leid. Und eine Platte kann man doch mehrfach abnudeln.

DAS BEVORZUGTE REISEZIEL

Amsterdam, Madrid, New York – jeder Ort der Welt, wo Alte Meister hängen. Steinböcke sind versessen auf diese Gemälde, vermutlich weil die düsteren Farben

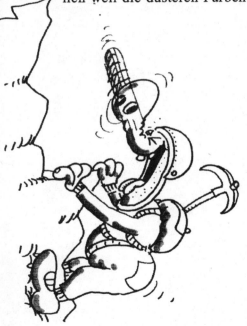

sie so ungemein andrehen. Auch am Rhein mit seinen Burgen und in sonstigen urdeutschen Gefilden haben Steinböcke den Tourismus fest in der Hand. Ansonsten reisen Steinböcke nicht sonderlich gern, am wenigsten im Ausland – schon wegen der ungewohnten Küche (igitt!).

DIE TYPISCHEN DROGEN

Na was wohl? Enzian natürlich! Steinböcke sind völlig versessen darauf, riechen Enzianschnaps kilometerweit, rennen in hellen Scharen herbei, wenn es welchen gratis gibt und können ihn gleich eimerweise kübeln, ohne irgendwie blau zu werden. Beneidenswert!

DIE TYPISCHE AUSREDE

Was sagt der angestellte Steinbock, wenn der Chef ihm einen funkelnagelneuen PC überreicht? »Ach, gehen Sie mir doch mit diesem neumodischen Kram weg! Davon will ich nichts wissen! Mir reichen meine zehn Finger zum Rechnen! Drei hin, zwei im Sinn...«

DIE LEICHE IM KELLER

Schon so mancher Uralt-Steinbock hat in seiner Vergangenheit dem falschen Führer zugejubelt, die falsche Partei gewählt oder lauthals die immer noch gleichen ewig-gestrigen Parolen verkündet. Mag sein, daß er nachts vor dem Spiegel heimlich noch die falsche Uniform trägt.

Glücklicherweise jubeln heutzutage jüngere Steinböcke dem falschen Popstar zu, wählen das falsche Deo und verkünden lauthals die Werbespots von gestern, während wir Angehörige anderer Sternzeichen immer alles goldrichtig machen...

DIE GLANZTAT

Steinböckin Catherine Booth (* 17.1.1829) nahm es ernst mit den positiven Eigenschaften Ehrgeiz, Beständigkeit, Gewissenhaftigkeit und Organisation – und gründete gemeinsam mit ihrem Gatten William Booth 1878 eine solche: die Heilsarmee. Leider zeigt sich heute, daß eine andere Eigenschaft der Steinböcke mit in ihr Lebenswerk eingeflossen sein muß: der Starrsinn. Noch immer weigert sich die Heilsarmee, halbwegs zeitgemäße Rockmusik zu spielen, sondern versucht uns mit Opa-Pop zu missionieren. Das geht natürlich lang in die Hose. Aber dabei sind die übrigen Kirchen ja auch keinen Funken besser. Der Chef ist ja ganz in Ordnung – aber das Bodenpersonal...

DIE GANZ GROSSE NIEDERLAGE

erlebte der uralte Steinbock Alfons, als er beim Bau des Gotthard-Tunnels erfahren mußte, daß die

Alpen nicht mit den Hörnern, sondern allenfalls mit dem Bagger zu untertunneln sind.

DER GANZ GROSSE HAMMER

Welch ungemeinen Liebreiz Steinbock-Frauen entwickeln, beweist die geistvolle und schöne Charlotte Buff (* 11.1.1753) aus Wetzlar, die sogar den ausgebufften Dichterfürsten Johann Wolfgang von Goethe um den Finger zu wickeln wußte. Zuerst half ihr der große Meister im Garten fleißig beim Bohnenschneiden, Unkrautjäten und wer weiß wobei noch. Als er aber herauskriegte, daß sie auf eine Beziehungskiste mit einem seiner Freunde spitzte und schon anderweitige Ehe- und Leasingverträge abgeschlossen hatte, entschloß er sich, sie als »Lotte« in seinem Bestseller »Die Leiden des jungen Werther« zu verhackstücken.

Woraus wir lernen, daß Horoskope zu nichts taugen, denn lesen Sie mal weiter, was auf den nächsten Seiten über Steinbock-Frauen daherschwadroniert wird.

Weiter begreifen wir, daß nicht jeder danebengegangene Anbagger-Versuch für die Katz' gewesen sein muß und daß man mit etwas Glück ein Stück Weltliteratur daraus zusammenbasteln kann.

STEINBÖCKE UND DIE LIEBE

Erotisch sind Steinböcke meist Spätzünder und Blindgänger. Spätzünder sind sie, weil sie vor lauter Mißtrauen und Unschlüssigkeit oft bis ins Greisenalter brauchen, um sich zu einer Liebeserklärung durchzuringen. Doch wer glaubt, Alter brächte gediegene Reife hervor, irrt sich. Die Liebeserklärungen von Steinböcken fallen so aus, daß nur noch der Begriff Blindgänger den Verursacher einer solchen Schandtat treffend bezeichnet. Liebesschwüre von Steinböcken erinnern an Steuererklärungen oder Gebrauchsanweisungen. Sie sind so trocken, daß ganze Weltmeere verdunsten und so wenig erotisch, daß aus Lustmolchen wieder Kaulquappen werden. Hochzeitsnächte, an denen Steinböcke beteiligt sind, gehen in die Erdgeschichte ein – als unvorstellbare Trockenperioden. Mondnächte, in denen Steinböcke um Liebe werben, verkommen zu Arbeitssitzungen in einer Dunkelkammer.

Sicher haben Sie jetzt einen ersten Eindruck, lieber Leser, was Sie erotisch im Reich der Steinböcke erwartet. Vielleicht geben Sie besser schon hier auf und wenden sich einem anderen Sternzeichen zu.

Sie wollen weiterlesen? Gut, Sie müssen schließlich selbst wissen, was Sie tun.

DIE STEINBOCK-FRAU

verbindet die sexuelle Attraktivität eines Stubenbesens mit dem anheimelnden Wesen einer Neonröhre. Was Wunder, daß es oft Jahre oder gar Jahrzehnte dauert, bis sie einen Partner findet. Apropos Neonröhre – immerhin glüht in ihrem Innern etwas, wenn auch ziemlich kühl.

Die unnahbare Neonröhre Steinbock-Frau bietet ihren potentiellen Liebhabern aber neben einer gut versteckten Portion Leidenschaft, die erst nach jahrelanger Suche gefunden werden kann, viele weitere unterhaltsame Eigenschaften: eine Neigung zu nachtschwarzem Weltschmerz und satten Depressionen zum Beispiel. Oder eine tiefe Sehnsucht nach Romantik – keine einfache Aufgabe, denn wer gerät schon bei einer Frau ins Schwärmen, gegen die eine Schaufensterpuppe weich und kuschelig wirkt. Weiter besitzen alle Steinböckinnen eine fette Dosis Eifersucht auf alle Frauen, die eventuell attraktiver sein könnten als die Steinbock-Frau. Und das sind alle Frauen....

Weil jede Steinbock-Frau dies zumindest tief in ihrem Innern weiß, geraten manche hin und wieder in Torschlußpanik und versuchen, die letzten Reserven zu aktivieren, um endlich ein männliches Wesen aufzureißen. Eine solche Steinbock-Frau schminkt sich in ihrer Verzweiflung so stark, daß das Haupt der Medusa gegen ihr Gesicht wie ein Smiley-Button gewirkt hätte. Viele solcher Steinbock-Frauen brechen sogar unter der Last ihrer Kosmetika und Modeschmuck-Artikel auf offener Straße zusammen.

DER STEINBOCK-MANN

Viele Frauen haben lange Zeit in dem Glauben existiert, der hinterletzte Macho sei ausgestorben. Irrtum, der hinterletzte Macho lebt, und sein Name ist Steinbock-Mann! Er braucht eine Frau aus gutem Hause mit guter Erziehung, die kochen und wirtschaften kann, damit er selbst, das widerwärtige Subjekt, überall seine Stinkesocken herumliegen und den großen Macker heraushängen lassen kann. Klar, daß es oft bis ins gesetzte Alter dauert, bis er eine Dumme findet.

Er selbst versteht das in keiner Weise, denn er hält sich für überaus attraktiv. Keine Frau hat etwas anderes vor, als ihn zu vernaschen, glaubt er, und nur sein Mißtrauen und seine Zurückhaltung würden ihn davor erretten. Die Wirklichkeit sieht anders aus: Alle alleinstehenden Frauen verlassen augenblicklich mit einem Anfall von Müdigkeit jede Party, wenn ein Steinbock sich als solcher zu erkennen gibt, und die übrigen schlafen in den Armen ihrer männlichen Begleiter ein.

Liebeserklärungen eines Steinbock-Mannes bringen Aquarien zum Gefrieren, und in Hochzeitsnächten fallen selbst die Bettwanzen in einen Dornröschenschlaf, so erotisch geht es zu. Spontanen Liebesfesten steht der Steinbock äußerst mißtrauisch gegenüber, und lieber meditiert er eine Erektion in Grund und Boden, als daß er seine Partnerin zu einem Quickie motivierte.

Einzig im Greisenalter flippt der Steinbock-Mann so richtig aus: Wahrscheinlich, weil er endlich rafft, daß er was verpaßt hat, baggert der Steinbock-Lustgreis Teenager an und beginnt plötzlich das große Bock- und Seitenspringen. Das allerdings auch wieder nicht mit letzter Leidenschaft, denn seine Ehe – so ihn eine genommen hat – geht ihm über alles. Da muß die Geliebte zurückstehen – was kaum eine tut, denn schließlich gibt es ja genug Angehörige anderer Sternzeichen.

DIE TYPISCHE ANBAGGER-SZENE

Reisen Sie doch in die Vergangenheit unserer Erde und nehmen Sie sich doch einmal vor, den Alpen bei der Auffaltung zuzusehen. Wenn Ihnen das gelingt, können Sie im nächsten Schritt versuchen, einem Steinbock beim Anbaggern zuzusehen.

BEVORZUGTE STELLUNGEN

1. Die Hölzerne-Bengele-Stellung (nur nicht zu weit vorwagen!)
2. Die Tapferer Zinnsoldat-Stellung (Disziplin ist alles!)
3. Die Gestatten-Gnädige-Frau?-Stellung (immer die Formen wahren!)
4. Die Wüstenbrot-Bausparer-Stellung (immer den Blick fest auf dem Kalender mit dem Wüstenbrot-Tag!)

IDEALPARTNER

Mal vorausgesetzt, irgendwer will einen Steinbock: Mit Jungfrau und Stier fluppt es halbwegs. Fische, Wassermänner, Skorpione und Schützen schaffen es immer noch gerade, nicht vor Langweile einzuschlafen. Widder und Steinbock kriegen sich schnell an die Hörner. Krebse stürzen Steinböcke in tiefe Depression und Waagen sind den alpinen Böcken zu flippig. Zwillinge und Löwen verbringen ihr Leben in reizloser Ödnis und Langeweile, wenn sie Steinböcke zum Partner wählen. Sie seien dringend gewarnt!

DIE MÖGLICHEN PAARE IM EINZELNEN

Bitte kein Irrtum – hier geht es nicht um konkrete Personen. Namen stehen nur für Typen und Charaktere. Wie sonst wären Paarungen über den Abgrund der Jahrhunderte hinweg denkbar? Doch die schwache Fantasie von uns Menschen braucht Anregungen, Vorstellungen, griffige Bilder, um zu funktionieren. Leider werden die meisten unserer Traumpaare in der Wirklichkeit nicht zueinander finden können.

STEINBOCK UND WIDDER: ✺❀

Im Steinbock hat der Widder erotisch seinen Meister gefunden. Er treibt ihm die Flausen aus, holt ihn von seinen spinnerten Höhenflügen wieder zurück zur Erde und sagt ihm mehr als deutlich, wo es langgeht. Dem Widder ist es recht, auch wenn er manchmal dumm herummault. Auch dem überzogenen Bankkonto des Widders tut die Freundschaft mit dem bremskraftverstärkenden Steinbock gut.

Der Steinbock profitiert auf andere Weise – Widder wirken auf Steinböcke wie ein Aufputschmittel. Statt sich in Melancholie zu aalen, regt er sich über die schwachsinnigen Ideen des Widders auf – eine schöne Verbindung zum Nutzen beider Seiten.

In Wohngemeinschaften sind es übrigens oft Steinbock-Frauen, die Widder-Männer an die Hammelbeine kriegen, wenn diese sich um das Putzen im Treppenhaus drücken wollen.

☞ *Das prominente Paar:*

Annette von Droste-Hülshoff (Steinbock)
und Johannes Mario Simmel (Widder)

»Es muß nicht immer Kaviar sein, Johannes Mario!« Annette mag es nicht, wenn ihr Johannes Mario am Essen herummäkelt. »Ja, ja«, jammert der weiter, »Grünkohl, Spinat, Weißkohl – wie soll ich mich denn da zu geistigen Höhenflügen aufschwingen?« – »Es wird gegessen, was auf den Tisch kommt!« bestimmt sie mit harter Stimme. »Das war auf Burg Vischering so und wird auch hier so sein! Fleisch ist nicht gut für deines Herzens flammendes Blut! Vegetarische Küche ist gesund!« – »Gut, gut!« Brav hebt er den Öko-Holzlöffel und beginnt zu essen. »Aber bitte laß die Blumen leben!«

❤ **STEINBOCK UND STIER:** ✸❀❀❀

Eine sehr stille Verbindung – der mundfaule Stier und der schweigsame Steinbock verstehen sich auch ohne Worte; für die Umwelt oft etwas öde. Oder aber extrem nervend, denn Stier und Steinbock ergeben gemeinsam eine Anhäufung an Starrsinn, die jede kritische Masse weit überschreitet. Zudem ist die genannte Paarung eine Vernunftverbindung: Steinböcke sind strebsam, ehrgeizig, fleißig und bescheiden bis zum Geiz – dazu das ungewöhnlich erotische Verhältnis des Stieres zum Geld. Eigentlich keine Liebesverbindung, sondern eher eine Firma mit besten Profitaussichten – zumal der mißtrauische Steinbock dem Stier auch noch finanziell auf die Finger sieht...

☞ *Das prominente Paar:*

Annie Lennox (Steinbock) **und**
Dietmar Schönherr (Stier)

Annie hat die Aufforderung ihres Astrologen ernst genommen, die für jeden Steinbock gilt: Lernen Sie, das Leben zu genießen! Der Mensch braucht mehr als Karriere und Beruf! Jetzt gibt sie sich ausgesprochen eurhythmisch, zieht mit ihren buntgewürfelten Musikerfreunden durch die Lokale der Stadt und spielt die Königin von Amerika. Dietmar freut sich, daß seine Gattin das enge Korsett ihres Charakters gesprengt hat. Mit für sein Sternzeichen erstaunlichem Gleichmut betrachtet er ihr emotionales Aufleben und sucht selbst oft bis weit nach Mitternacht sein Seelenheil in ungemein anregenden Talk-Shows. Wenn ihn aufkeimende Eifersucht beschleicht, ruft er bei der Bank an und läßt sich die letzten Gutschriften durchgeben. Dann atmet er befreit auf...

 STEINBOCK UND ZWILLING:
✹✹✹

Kein besonders glückliches Paar. Der autoritäre und starrsinnige Steinbock geht dem lebhaften Zwilling auf den Nerv. Der Steinbock kann das ständige Gequassel nicht am Kopf haben, zumal er es als peinlichen Seelen-Striptease versteht. Außerdem ist ihm, der als alpines Tier stets nach Höherem strebt, das ganze Wesen des Zwillings viel zu ineffektiv und viel zu wenig zielgerichtet. Zwar schätzt der Zwilling Zuhörer, aber er haßt es, wenn jemand dumpf brütend und in sich gekehrt vor ihm sitzt und in keiner Weise reagiert, wie es der Steinbock kann. Zudem schmerzt es ihn, der vor Neugier vergeht, daß der Steinbock nichts über sich selbst an die Außenwelt kommen läßt. Ein Paar, das zusammenpaßt wie ein Sexfilm ins Nonnenkloster. Oder wie ein Radio ins Kino.

☞ *Das prominente Paar:*

Elisabeth von Österreich (Steinbock) **und Prince** (Zwilling)
Zuerst sah es so aus, als ob die Prognosen schwarzsehender Astrologen Recht behalten würden: Er fand ihr Benehmen nach Kurfürstenart einfach ätzend, und sie nahm ihm vom ersten Augenblick an seine Liaison mit Wendy und Lisa übel. Auch schien ihm, ihre Verbindung zu Kaiser Franz Joseph und ihr Künstlername »Sissi« würden ihre musikalische Karriere eher behindern. »Sissi!« wetterte er. »Man nennt sich heutzutage Madonna, Kim Wilde oder Sinead O'Connor – aber doch nicht Sissi!« Aber seit ihre erste Scheibe mit dem Titel »Do the Wittelsbacher-Rap!« in den Charts ist, klappt es eigentlich ganz gut mit den beiden…

❤ STEINBOCK UND KREBS:
✹ ✹ ✹ ✹

Kaum eine Verbindung kann so öde sein: Hier der
gefühlsduselnde, heimwehkranke Krebs, dort der
sture, autoritäre und starrsinnige Steinbock. Hier
Harald Juhnke – dort Ekel Alfred – das wird was
Schönes! Außer mit seiner geistigen Unbeweglich-
keit fällt der Steinbock dem Krebs auch noch mit
seiner peinlichen Strebsamkeit und Raffgier auf die
Nerven. Kaum denkbar, aber der bis auf die
Knochen geizige Steinbock streitet sich selbst mit
dem Krebs um Geld, dem man sicher vieles, aber
keine ausgesprochene Verschwendungssucht nach-
sagen kann. Also, Krebse: Scheren weg von diesem
fiesen Möpp!

☞ *Das prominente Paar:*

Janis Joplin (Steinbock) **und**
Herbert Wehner (Krebs)
Herbert ist enttäuscht: Er träumt von trauter Zwei-
samkeit im noch trauteren Heim, das er mit Liebe
und dem Schleckermann-Katalog für sie eingerich-
tet hat – doch sie hat nur eines im Sinn: ihre Karriere
– und Geld! Wie soll er das mit seinen Wünschen,

seiner politischen Einstellung, seinen Parteigenossen in Einklang bringen? Letzte Woche hat sie es sogar gewagt, ihrem Oberboß einen Bettelbrief zu schreiben: »Oh, Gott, bitte kauf' mir einen Mercedes-Benz...« Peinlich, peinlich, findet Herbert, zumal sie auch noch Bekannte und Parteigenossen mit hineingezogen hat: »Meine Freunde fahren Porsche...«, hat sie geschrieben, ohne jedes politische Feingefühl! So etwas hängt man doch nicht an die große Glocke!

STEINBOCK UND LÖWE: ✸✸✿

Großkatze und alpine Wildziege – das ist schon vom gesunden Volksempfinden her keine Liebesbeziehung, die zu großen Gefühlen beflügelt. In der Tat leben Löwen und Steinböcke eher aneinander vorbei. Während sich der Löwe an der Polstergarnitur die Krallen schärft, kraxelt der Steinbock sicher mit dem Sauerwäldischen Gebirgsverein in den südlichen Karpaten herum. Treffen sie zufällig einmal... sagen wir, beim Frühstück zusammen, finden sie kaum ein paar freundliche Worte, denn der Steinbock ist ein unrasierter Morgenmuffel und der Löwe ist zu so früher Stunde meist zu sehr mit dem Polieren seiner Krone beschäftigt, als daß er Zeit für Konversation hätte. Außerdem findet er den Steinbock spießig und kleinbürgerlich, also weit unter seinem Niveau. Dafür hält der Steinbock den Löwen für einen unangenehmen Großkotz. Warum Löwen und Steinböcke dennoch manchmal zusammenleben oder gar verheiratet sind, bleibt eines der großen Rätsel des Tierkreises.

☞ *Das prominente Paar:*

Hildegard Knef (Steinbock) **und Napoleon I.** (Löwe)

Während der große Herrscher in der Kellerbar neue Feldzüge plant und in seinem neuesten Taschenbuch »Die 1000 geilsten Strategien für Anfänger« nach der Lösung für das Rätsel von Waterloo sucht, ist Hildegard schon wieder auf dem Sprung zu ihrem Schönheitschirurgen Mäcky Messer. Eins und eins,

das macht zwei, und einem geschenkten Gaul schaut man nicht ins Maul, doch in puncto Aussehen kennt Hilde keine Kompromisse. Antike Möbel ja, aber antike Fassade im eigenen Gesicht – nein, danke!

Napoleon ist das alles egal – hat er doch die Küche frei für seine militärischen Sandkastenspiele. Prima, denkt er, dann kann sie auch nicht wieder kleinlich herummäkeln, wenn ich mit der Kavallerie im Vorgarten exerziere...

❤ STEINBOCK UND JUNGFRAU:

Schier unerträgliche Harmonie in allen praktischen Dingen kann Nachbarn, Freunde (?) und Bekannte dieses Paares zur Verzweiflung treiben. Alles, aber auch alles betreiben sie gemeinsam – sie putzen, produzieren Nachwuchs in Unmengen, räumen auf, mähen Rasen, verfolgen schadlos die dümmsten Fernsehserien, verprügeln ihre Kinder, bügeln ihre

Banknoten, jagen im Keller Kellerasseln, werden reich, legen herrliche, unheimlich ordentliche Steingärten mit Alpenpflanzen an – und das alles mit der enormen Durchschlagskraft einer Atomgranate. Sie sind zusammen so effektiv, daß uns gewöhnlichen Durchschnittspaaren die Haare zu Berge stehen. Außerdem ist der starrsinnige Steinbock eines der wenigen Sternzeichen, das der ätzend-ironischen Jungfrau Paroli bieten kann –

wenn auch nur durch mucksiges Schweigen. Eine Verbindung, die wegen ihrer frustrierenden Belastung für die Mitmenschen per Umweltschutzgesetz verboten sein sollte.

☞ *Das prominente Paar:*

Helena Rubinstein (Steinbock) **und Gerhard Wendland** (Jungfrau)

»Was täte ich nur ohne deine kosmetische Hilfe?« Gerhard schätzt die Produkte aus dem Weltkonzern seiner Frau, denn ohne Tages-, Nacht- und Peeling-Creme und insbesondere ohne die hautfarbene Spachtelmasse aus dem Hause Rubinstein sähe er hinten und vorn nicht mehr so gut erhalten aus. »So fertig!« freut er sich und legt die Puderquaste, den Faltenhobel und die Silikonspritze in den kosmetischen Bereitschaftsschrank zurück. »Und nun laß uns in den Morgen tanzen!«

»Keine Zeit, mein Lieber!« weist sie ihn ab. Als finanzbegabte Steinbock-Frau hat sie Wichtigers zu tun. Eben tapeziert sie das Klo des gemeinsamen Eigenheimes mit frischen Kontoauszügen. »Helena, meine Gute«, lobt er sie, »wie weitsichtig, wie wirtschaftlich und wie ökologisch gedacht!«

❤ STEINBOCK UND WAAGE:
✹✹✹✹

Wenn Waagen von Luxus und Eleganz träumen, klemmt bei Steinböcken der Verschluß des Portemonnaies. Selters statt Sekt und Ölsardinen statt Kaviar – das geht jeder Waage auf die Dauer aufs Gemüt. Dazu das ewige Geseire von Gunstbezeugungen durch den Chef, baldigem sozialem Aufstieg, günstigen Geldanlagen und einer Zukunft im eigenen Häuschen, das dem Steinbock doch immer nur zu einer Art Ziegenstall gerät... Zuviel für eine echte Waage! So ein Kleingartenapostel wie der Steinbock kann ihr absolut gestohlen bleiben!

☞ *Das prominente Paar:*

Marlene Dietrich (Steinbock) **und**
Bryan Ferry (Waage)

Das ist zuviel für Bryan! Hat ihm doch Marlene wieder nur Leberwurst-Stullen eingepackt! Wie soll er denn da die anstrengenden Konzerte und die anschließenden Nächte mit teuren Luxusweibchen aushalten? Und statt des Maßanzuges aus London hat sie ihm wieder nur den Wischlappen von C & A in den Koffer gesteckt, damit er das gute englische

Tuch nicht abnutzt! Nein, Schluß damit! Jetzt versäuft Bryan erst mal sein Taschengeld und die Telefongroschen! Und wenn er nach Hause kommt, wird er Marlene mal ordentlich den Marsch blasen – falls sie nicht wieder auf der VEBA-Aktionärsversammlung ist....

❤ STEINBOCK UND SKORPION:

Sie haben vieles gemeinsam: die Starrköpfigkeit und das Streben nach Sicherheit, Karriere und einem dicken Bankkonto. Dennoch trennt sie auch so manches: Steinbock wie Skorpion machen nur zu gern aus ihrem Herzen eine Mördergrube, in die besser niemand einen Blick wirft. Nur in dieser Konstellation sind Verbindungen möglich, in denen der eine Partner so gut wie gar nichts vom anderen weiß. Aber vielleicht ist gerade das der Grund, weshalb Steinbock-Skorpion-Beziehungen so lange halten. Die gefühlsmäßige Nähe oder ein gegenseitiges Verstehen jedenfalls sind es nicht. Eigentlich müßten sich Steinbock und Skorpion ihr Leben lang siezen...

☞ *Das prominente Paar:*

Elvis Presley (Steinbock) **und**
Elke Sommer (Skorpion)
Irgendwie ein Bilderbuchpaar – aber irgendwie auch nicht. Er kohlrabenschwarz, sie affentittenblond. Er absolut macho, sie absolut klatscho. Er Hot dog, sie Kaviar. Er »Love me tender«, sie »Send me a lover«. Er Gott der Gitarre, sie Göttin der Zigarre... ach nee, lassen wir das. Denn über allem schwebt die bange Frage: Warum eigentlich? Und wie lange noch? Und wer bin ich, oder wer war sie? Schließlich und endlich: Wie ist das nun eigentlich mit dem Abgrund zwischen den Menschen?

❤ STEINBOCK UND SCHÜTZE:
✹✹✹✹

Auf den ersten Blick passen beide vortrefflich zusammen – beide haben hochfliegende Pläne und Zukunftsperspektiven. Doch die Unterschiede werden schnell klar: Während der realistische Steinbock Backstein auf Backstein türmt und sein Eigenheim mit Car-Port und Kellerbar realisiert und bald einziehen kann, kritzelt der Schütze an den Bauplänen für sein Luftschloß. Datum der Fertigstellung: St. Nimmerleins-Tag...

Nein, diese beiden Sternzeichen sind in der Weltsicht letztlich doch zu verschieden, um ein glückliches Paar abzugeben. Skepsis und Übervorsicht beim Steinbock kollidieren mit Leichtsinn und Veränderungslust beim Schützen.

Erst wenn ein Schütze nach exzessivem Liebesleben sexuell und erotisch auf Rente gehen will, ist ein Steinbock-Partner für ihn interessant. Und ein Steinbock kommt nur dann mit einem Schütze-Partner zu Rande, wenn er überdurchschnittlich gern allein ist – spätestens nach der zweiten Woche macht sich der Schütze nämlich auf die Socken...

☞ *Das prominente Paar:*

Jeanne d' Arc (Steinbock) **und
Walt Disney** (Schütze)

Also nein! Gerade hat Jeanne den Rasen gemäht, das Ponde-Rosa-Schild mit der Aufschrift »Vive la revolution!« über der Einfahrt frisch gestrichen und die Beete des wunderschönen Gartens ihres Eigenheimes im Disneyland geharkt, das Walt in den ersten Tagen ihrer Liebe für sie gezeichnet hat. Alles ist unglaublich bunt, unglaublich niedlich, unglaublich idyllisch...

Da beginnt Walt mit Micky, Donald, Goofy, Tick, Trick und Track, Gustav Gans und Daisy auf dem Rasen Fußball zu spielen! Boing – semmelt der Ball in die Rabatten! Klirr – das war das neue Gewächshaus! Platsch – jetzt ist Donald ins neue Feuchtbiotop gefallen und ratsch – hat er ein Loch in die wertvolle Teichfolie gerissen! Flupps – klauen Tick, Trick und Track die prämierten Äpfel vom prämierten Apfelbaum! Rattazoing – nun ist Goofy auch noch gegen das Garagentor gerannt und hat einen tiefen, goofy-förmigen Eindruck hinterlassen. Überhaupt, die Freunde ihres Mannes hinterlassen Jeanne einen viel zu tiefen Eindruck! Jetzt ist sie richtig sauer! Unmöglich, dieser Walt, ihr Ehemann! Wer soll das bezahlen? Onkel Dagobert? Der rückt doch wieder keine müde Mark heraus! Sollen Walt und seine Bagage doch weitertoben und das ganze verrückte Disneyland ruinieren!

Noch heute – das steht fest – geht Jeanne zu ihrer Mutter Marianne zurück!

❤ STEINBOCK UND STEINBOCK:
✺✺❀❀

Wenn es »gut« geht: Eine Liebesbeziehung wird das nicht, aber eine glänzende Grundlage, um ein Anlageberatungsbüro oder eine Bausparkasse zu gründen. Mit Arbeitsrausch, Ehrgeiz- und Geizanfällen und verbissenem Wollen schaffen zwei Steinböcke ein Vermögen heran, das sie selbst zu Lebzeiten nicht mehr verprassen können – und auch nicht verprassen wollen. Das erledigen später die dankbaren Erben.

Die »rabenschwarze« Variante: Zwei Steinböcke schaukeln sich zu einer Orgie der Depression hoch, zu einer Flutwelle des Weltschmerzes, in der alles um sie herum mit ihnen untergeht – bis auf ihr Eigenheim, das Sparbuch und die guten Manieren.

☞ *Das prominente Paar:*

Willy Millowitsch (Steinbock) **und**
Caterina Valente (Steinbock)

»Wenn mein Capri bei roter Sonne im Meer versinkt...«, klingt es aus der Stereoanlage in der kleinen Künstlerwohnung in Köln-Nippes. Weltschmerz durchdringt Willys und Caterinas Herz. Beide Tränentüten reinsten Wassers, sitzen sie in ihrem trostlosen Steinbock-Wohnzimmer und vergießen ihre staubtrockenen Steinbock-Tränen. »Ach, Willy«, klagt Caterina, »was haben wir Steinböcke es doch schwer! Willste da nicht mal 'n richtig lustiges Theaterstück drüber bringen?« – »Änä, Caterinchen«, set de Willy, »aber die Idee is jot! Fast so jot wie dat Wasser von Kölle! Nich de Steinbock, de Köllsche Geißbock muß her!« Flugs ist die Depression wie fortgeblasen, denn klingende Münze rappelt im Karton. Schon morgen wird Willy das Millowitsch-Theater zum Ziegenstall umbauen lassen und dann sofort mit seinem unvergeßlichen Mammutwerk über den 1.FC beginnen...

 STEINBOCK UND WASSERMANN:

Es bereitet dem Wassermann in Gemeinschaft mit dem stocktrockenen Arbeitstier Steinbock schon Mühe, seine heitere und gelöste Lebenseinstellung zu wahren. Der Steinbock will Nutzvieh, keine Paradiesvögel. Dennoch schafft es der Wassermann-

Partner in dieser ungleichen und eigentlich unpassenden Beziehung fast immer, sich selbst über Wasser und den Steinbock bei Laune zu halten. Zum Glück bleibt dem Wassermann-Partner ja auch viel Zeit, sich anderweitig zu holen, was ihm an Kommunikation und Anregung fehlt, denn der Steinbock malocht sich ja halbtot und hat für seinen Partner tagsüber ohnehin kaum Zeit. Bleiben die langen Pantoffelabende am Kamin, die dem Wassermann die Galle hochtreiben...

Der gute Ruf des Steinbocks, sein ein und alles, kann allerdings manchmal arg in Mitleidenschaft gezogen werden, denn der Wassermann läßt nicht von seinen originellen und oft provozierenden Ideen. Ein weiteres Rätsel des Sternkreises – kein Mensch weiß, warum diese Verbindung halbwegs stabil ist.

☞ *Das prominente Paar:*

Mao Tse-tung (Steinbock) **und**
Jeanne Moreau (Wassermann)
Es ist schlimm mit Mao – immer hat er nur seine Arbeit im Kopf! Den ganzen Nachmittag hat Jeanne sich abgemüht und Schweinefleisch á la Sezuan gebastelt – und er? Redet den ganzen Abend von

nichts weiter als von langen Märschen und Weltrevolutionen! Nicht ein Wort des Lobes über das köstliche Mahl, das ihr so schwer über die französischen Lippen geht! Nicht ein dankbarer Blick, kein zärtlicher Kuß... Nur Parolen, nichts als Parolen! »Der Kapitalismus ist ein Papiertiger!«, stößt Mao leidenschaftlich hervor, als er auf dem Ehelager liegt – aber das ist auch das einzige, was er leidenschaftlich hervorstößt. Schon dreht er sich um und schläft den Schlaf der Gerechten! Warte, denkt Jeanne, es gibt auch chinesische Wassermänner!

 STEINBOCK UND FISCHE:

Eine weitere unsymmetrische Verbindung – um es nicht ausbeuterisch zu nennen. Der Steinbock biegt den schwachen Fisch für seine herrschsüchtigen und konservativen Vorstellungen hin – und genießt ein angenehmes und bequemes Leben, während der Fisch bis über beide Kiemen in Arbeit steckt. Einzige Gegenleistung: die starre und relativ sichere Weltsicht des Steinbocks bewahrt den Fisch vor Luftschloß-Projekten und vor Abstürzen alkoholischer Art. Sonst hat er wenig von dieser Verbindung – viele zarte Fische verkümmern unter der

Fuchtel von Steinböcken ohne die Liebe und Zärtlichkeit, die sie so nötig brauchen....

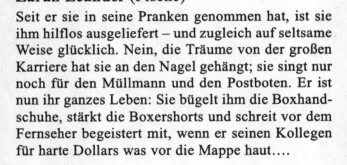

👉 *Das prominente Paar:*

Cassius Clay (Steinbock)
und
Zarah Leander (Fische)

Seit er sie in seine Pranken genommen hat, ist sie ihm hilflos ausgeliefert – und zugleich auf seltsame Weise glücklich. Nein, die Träume von der großen Karriere hat sie an den Nagel gehängt; sie singt nur noch für den Müllmann und den Postboten. Er ist nun ihr ganzes Leben: Sie bügelt ihm die Boxhandschuhe, stärkt die Boxershorts und schreit vor dem Fernseher begeistert mit, wenn er seinen Kollegen für harte Dollars was vor die Mappe haut....

BERÜHMT-BERÜCHTIGTE STEINBÖCKE:

- ◇ Jesus von Nazareth (Gottes Sohn) – 24.12. 0001
- ◇ Elisabeth von Österreich (»Sissi«) – 24.12.1837

- ◇ Annie Lennox (»Eurythmics«) -25.12.1954
- ◇ Mao Tse-tung (Führer) – 26.12.1893
- ◇ Marlene Dietrich (die Unvergleichliche) – 27.12. 1901
- ◇ Hildegard Knef (Schauspielerin) – 28.12.1925
- ◇ Konrad Adenauer (der Unvergleichliche) – 5.1.1876
- ◇ Jeanne d' Arc (Märtyrerin) – 6.1.1412
- ◇ Elvis (»The Pelvis«) Presley – 8.1.1930
- ◇ Willy Millowitsch (Volksschauspieler) – 8.1.1909
- ◇ Heinrich Zille (Maler und Zeichner) – 10.1.1858
- ◇ Annette von Droste-Hülshoff (Dichterin) – 10.1.1797
- ◇ Hermann Göring (des Teufels Feldmarschall) – 12. 1. 1893
- ◇ Caterina Valente (Schlager-As) – 14.1.1931
- ◇ L.L.Cool J (Hip-Hop) – 14.1.1968
- ◇ Howard Carpendale (Schlager-As) – 14. 1.1946
- ◇ Albert Schweitzer (Urwaldarzt) – 14.1.1875
- ◇ Michael Schanze (Kinderschreck) – 15.1.1947
- ◇ Thomas Fritsch (Rivale der Rennbahn) – 16.1.1944
- ◇ Cassius Clay (Dröhnungen) – 17.1.1942
- ◇ Janis Joplin (Sängerin) – 19.1.1943
- ◇ Robert Palmer (Musiker) – 19.1.1949